# TRANZLATY

**Language is for everyone**

Språk är till för alla

# Aladdin and the Wonderful Lamp

# Aladdin och den Underbara Lampan

Antoine Galland

English / Svenska

Copyright © 2025 Tranzlaty
All rights reserved
Published by Tranzlaty
ISBN: 978-1-83566-934-1
Original text by Antoine Galland
From *"Les mille et une nuits"*
First published in French in 1704
Taken from The Blue Fairy Book
Collected and translated by Andrew Lang
**www.tranzlaty.com**

**Once upon a time there lived a poor tailor**
En gång i tiden bodde det en fattig skräddare
**this poor tailor had a son called Aladdin**
denna stackars skräddare hade en son som hette Aladdin
**Aladdin was a careless, idle boy who did nothing**
Aladdin var en slarvig, sysslolös pojke som inte gjorde något
**although, he did like to play ball all day long**
även om han gillade att spela boll hela dagen lång
**this he did in the streets with other little idle boys**
detta gjorde han på gatorna med andra små sysslolösa pojkar
**This so grieved the father that he died**
Detta sörjde fadern så att han dog
**his mother cried and prayed, but nothing helped**
hans mor grät och bad, men ingenting hjälpte
**despite her pleading, Aladdin did not mend his ways**
trots hennes vädjande, lagade Aladdin inte sitt sätt
**One day, Aladdin was playing in the streets, as usual**
En dag lekte Aladdin på gatorna, som vanligt
**a stranger asked him his age**
en främling frågade honom om hans ålder
**and he asked him, "are you not the son of Mustapha the tailor?"**
och han frågade honom: "Är du inte son till skräddaren Mustapha?"
**"I am the son of Mustapha, sir," replied Aladdin**
"Jag är Mustaphas son, sir", svarade Aladdin
**"but he died a long time ago"**
"men han dog för länge sedan"
**the stranger was a famous African magician**
främlingen var en berömd afrikansk magiker
**and he fell on his neck and kissed him**
och han föll honom om halsen och kysste honom
**"I am your uncle," said the magician**
"Jag är din farbror", sa magikern
**"I knew you from your likeness to my brother"**
"Jag kände dig från din likhet med min bror"
**"Go to your mother and tell her I am coming"**

"Gå till din mamma och säg att jag kommer"
**Aladdin ran home and told his mother of his newly found uncle**
Aladdin sprang hem och berättade för sin mamma om sin nyfunna farbror
**"Indeed, child," she said, "your father had a brother"**
"Ja, barn," sa hon, "din far hade en bror"
**"but I always thought he was dead"**
"men jag trodde alltid att han var död"
**However, she prepared supper for the visitor**
Hon förberedde dock kvällsmat för besökaren
**and she bade Aladdin to seek his uncle**
och hon bad Aladdin att söka sin farbror
**Aladdin's uncle came laden with wine and fruit**
Aladdins farbror kom lastad med vin och frukt
**He fell down and kissed the place where Mustapha used to sit**
Han föll ner och kysste platsen där Mustapha brukade sitta
**and he bid Aladdin's mother not to be surprised**
och han bad Aladdins mamma att inte bli förvånad
**he explained he had been out of the country for forty years**
han förklarade att han hade varit utomlands i fyrtio år
**He then turned to Aladdin and asked him his trade**
Han vände sig sedan till Aladdin och frågade honom vad han skulle göra
**but the boy hung his head in shame**
men pojken hängde med huvudet i skam
**and his mother burst into tears**
och hans mamma brast ut i gråt
**so Aladdin's uncle offered to provide food**
så Aladdins farbror erbjöd sig att ge mat
**The next day he bought Aladdin a fine set of clothes**
Dagen efter köpte han Aladdin en fin uppsättning kläder
**and he took him all over the city**
och han förde honom över hela staden
**he showed him the sights of the city**
han visade honom stadens sevärdheter

**at nightfall he brought him home to his mother**
på natten förde han hem honom till sin mor
**his mother was overjoyed to see her son so well dressed**
hans mamma blev överlycklig över att se sin son så välklädd
**The next day the magician led Aladdin into some beautiful gardens**
Nästa dag ledde magikern Aladdin in i några vackra trädgårdar
**this was a long way outside the city gates**
detta var långt utanför stadens portar
**They sat down by a fountain**
De satte sig vid en fontän
**and the magician pulled a cake from his girdle**
och magikern drog en kaka från sin gördel
**he divided the cake between the two of them**
han delade kakan mellan dem två
**Then they journeyed onward till they almost reached the mountains**
Sedan reste de vidare tills de nästan nådde bergen
**Aladdin was so tired that he begged to go back**
Aladdin var så trött att han bad att få gå tillbaka
**but the magician beguiled him with pleasant stories**
men magikern förledde honom med trevliga berättelser
**and he led him on in spite of his laziness**
och han förde honom vidare trots sin lättja
**At last they came to two mountains**
Till sist kom de till två berg
**the two mountains were divided by a narrow valley**
de två bergen delades av en smal dal
**"We will go no farther," said the false uncle**
"Vi kommer inte längre", sa den falske farbrorn
**"I will show you something wonderful"**
"Jag ska visa dig något underbart"
**"gather up sticks, while I kindle a fire"**
"samla ihop pinnar medan jag tänder en eld"
**When the fire was lit the magician threw a powder on it**
När elden tändes kastade magikern ett pulver på den

**and he said some magical words**
och han sa några magiska ord
**The earth trembled a little and opened in front of them**
Jorden darrade lite och öppnade sig framför dem
**a square flat stone revealed itself**
en fyrkantig platt sten visade sig
**and in the middle of the stone was a brass ring**
och mitt på stenen fanns en ring av mässing
**Aladdin tried to run away**
Aladdin försökte fly
**but the magician caught him**
men magikern fångade honom
**and gave him a blow that knocked him down**
och gav honom ett slag som slog ner honom
**"What have I done, uncle?" he said, piteously**
"Vad har jag gjort, farbror?" sa han bedrövligt
**the magician said more kindly, "Fear nothing, but obey me"**
trollkarlen sa vänligare: "Frukta ingenting, men lyd mig"
**"Beneath this stone lies a treasure which is to be yours"**
"Under denna sten ligger en skatt som ska bli din"
**"and no one else may touch this treasure"**
"och ingen annan får röra denna skatt"
**"so you must do exactly as I tell you"**
"så du måste göra precis som jag säger"
**At the mention of treasure Aladdin forgot his fears**
Vid omnämnandet av skatten glömde Aladdin sina rädslor
**he grasped the ring as he was told**
han fattade ringen som han blev tillsagd
**and he said the names of his father and grandfather**
och han sa namnen på sin far och farfar
**The stone came up quite easily**
Stenen kom upp ganska lätt
**and some steps appeared in front of them**
och några steg dök upp framför dem
**"Go down," said the magician**
"Gå ner", sa magikern
**"at the foot of those steps you will find an open door"**

"vid foten av dessa trappsteg hittar du en öppen dörr"
**"the door leads into three large halls"**
"dörren leder in till tre stora salar"
**"Tuck up your gown and go through the halls"**
"Ta på dig klänningen och gå igenom hallarna"
**"make sure not to touch anything"**
"se till att inte röra någonting"
**"if you touch anything, you will instantly die"**
"om du rör något kommer du genast att dö"
**"These halls lead into a garden of fine fruit trees"**
"Dessa salar leder in i en trädgård med fina fruktträd"
**"Walk on until you reach a gap in the terrace"**
"Gå vidare tills du når en lucka på terrassen"
**"there you will see a lighted lamp"**
"där ska du se en tänd lampa"
**"Pour out the oil of the lamp"**
"Häll ut oljan från lampan"
**"and then bring me the lamp"**
"och sedan ge mig lampan"
**He drew a ring from his finger and gave it to Aladdin**
Han drog en ring från sitt finger och gav den till Aladdin
**and he bid him to prosper**
och han bad honom att lyckas
**Aladdin found everything as the magician had said**
Aladdin hittade allt som magikern hade sagt
**he gathered some fruit off the trees**
han samlade lite frukt från träden
**and, having got the lamp, he arrived at the mouth of the cave**
och efter att ha fått lampan, kom han fram till grottans mynning
**The magician cried out in a great hurry**
Magikern ropade i stor hast
**"Make haste and give me the lamp"**
"Skynda dig och ge mig lampan"
**Aladdin refused to do this until he was out of the cave**
Aladdin vägrade att göra detta tills han var ute ur grottan
**The magician flew into a terrible rage**

Magikern flög i ett fruktansvärt raseri
**he threw some more powder on to the fire**
han kastade lite mer krut på elden
**and then he cast another magic spell**
och sedan kastade han en annan magisk besvärjelse
**and the stone rolled back into its place**
och stenen rullade tillbaka på sin plats
**The magician left Persia for ever**
Magikern lämnade Persien för alltid
**this plainly showed that he was no uncle of Aladdin's**
detta visade tydligt att han inte var någon farbror till Aladdins
**what he really was was a cunning magician**
vad han egentligen var var en listig trollkarl
**a magician who had read of a magic lamp**
en magiker som hade läst om en magisk lampa
**a magic lamp which would make him the most powerful man in the world**
en magisk lampa som skulle göra honom till den mäktigaste mannen i världen
**but he alone knew where to find the magic lamp**
men han ensam visste var han kunde hitta den magiska lampan
**and he could only receive the magic lamp from the hand of another**
och han kunde bara ta emot den magiska lampan från en annans hand
**He had picked out the foolish Aladdin for this purpose**
Han hade valt ut den dåraktiga Aladdin för detta ändamål
**he had intended to get the magical lamp and kill him afterwards**
han hade tänkt hämta den magiska lampan och döda honom efteråt
**For two days Aladdin remained in the dark**
I två dagar förblev Aladdin i mörkret
**he cried and lamented his situation**
han grät och beklagade sin situation
**At last he clasped his hands in prayer**

Till sist knäppte han händerna i bön
**and in so doing he rubbed the ring**
och därigenom gnuggade han ringen
**the magician had forgotten to take the ring back from him**
magikern hade glömt att ta tillbaka ringen från honom
**Immediately an enormous and frightful genie rose out of the earth**
Genast steg en enorm och skrämmande ande upp ur jorden
**"What would thou have me do?"**
"Vad vill du att jag ska göra?"
**"I am the Slave of the Ring"**
"Jag är ringens slav"
**"and I will obey thee in all things"**
"och jag skall lyda dig i allt"
**Aladdin fearlessly replied: "Deliver me from this place!"**
Aladdin svarade orädd: "Befria mig från denna plats!"
**and the earth opened above him**
och jorden öppnade sig över honom
**and he found himself outside**
och han befann sig utanför
**As soon as his eyes could bear the light he went home**
Så fort hans ögon kunde bära ljuset gick han hem
**but he fainted when he got there**
men han svimmade när han kom dit
**When he came to himself he told his mother what had happened**
När han kom till sig själv berättade han för sin mamma vad som hade hänt
**and he showed her the lamp**
och han visade henne lampan
**and he showed her the fruits he had gathered in the garden**
och han visade henne frukterna som han hade samlat i trädgården
**the fruits were, in reality, precious stones**
frukterna var i verkligheten ädelstenar
**He then asked for some food**
Sedan bad han om lite mat

"Alas! child," she said
"Ack! barn," sa hon
"I have no food in the house"
"Jag har ingen mat i huset"
**"but I have spun a little cotton"**
"men jag har spunnit lite bomull"
**"and I will go and sell the cotton"**
"och jag ska gå och sälja bomullen"
Aladdin bade her keep her cotton
Aladdin bad henne behålla sin bomull
**he told her he would sell the magic lamp instead of the cotton**
han sa till henne att han skulle sälja den magiska lampan istället för bomullen
**As it was very dirty she began to rub the magic lamp**
Eftersom det var väldigt smutsigt började hon gnugga den magiska lampan
**a clean magic lamp might fetch a higher price**
en ren magisk lampa kan få ett högre pris
**Instantly a hideous genie appeared**
Omedelbart dök en avskyvärd ande upp
**he asked what she would like to have**
han frågade vad hon skulle vilja ha
**at the sight of the genie she fainted**
vid åsynen av anden svimmade hon
**but Aladdin, snatching the magic lamp, said boldly:**
men Aladdin, som ryckte den magiska lampan, sa djärvt:
**"Fetch me something to eat!"**
"Hämta mig något att äta!"
**The genie returned with a silver bowl**
Anden återvände med en silverskål
**he had twelve silver plates containing rich meats**
han hade tolv silvertallrikar som innehöll rikt kött
**and he had two silver cups and two bottles of wine**
och han hade två silverbägare och två flaskor vin
**Aladdin's mother, when she came to herself, said:**
Aladdins mamma, när hon kom till sig själv, sa:

"Whence comes this splendid feast?"
"Var kommer denna praktfulla fest?"
"Ask not where this food came from, but eat, mother,"
replied Aladdin
"Fråga inte varifrån maten kom, men ät, mamma", svarade Aladdin
So they sat at breakfast till it was dinner-time
Så de satt vid frukosten tills det var dags för middag
and Aladdin told his mother about the magic lamp
och Aladdin berättade för sin mamma om den magiska lampan
She begged him to sell the magic lamp
Hon bad honom sälja den magiska lampan
"let us have nothing to do with devils"
"låt oss inte ha något med djävlar att göra"
but Aladdin had thought it would be wiser to use the magic lamp
men Aladdin hade trott att det vore klokare att använda den magiska lampan
"chance hath made us aware of the magic lamp's virtues"
"slumpen har gjort oss medvetna om den magiska lampans dygder"
"we will use the magic lamp, and we will use the ring"
"vi kommer att använda den magiska lampan, och vi kommer att använda ringen"
"I shall always wear the ring on my finger"
"Jag kommer alltid att ha ringen på fingret"
When they had eaten all the genie had brought, Aladdin sold one of the silver plates
När de hade ätit upp allt som andan hade med sig sålde Aladdin en av silvertallrikarna
and when he needed money again he sold the next plate
och när han behövde pengar igen sålde han nästa tallrik
he did this until no plates were left
han gjorde detta tills inga tallrikar fanns kvar
He then made another wish to the genie
Han gjorde sedan en annan önskan till anden

**and the genie gave him another set of plates**
och anden gav honom ytterligare en uppsättning tallrikar
**and in this way they lived for many years**
och på detta sätt levde de i många år
**One day Aladdin heard an order from the Sultan**
En dag hörde Aladdin en order från sultanen
**everyone was to stay at home and close their shutters**
alla skulle stanna hemma och stänga sina luckor
**the Princess was going to and from her bath**
prinsessan skulle till och från sitt bad
**Aladdin was seized by a desire to see her face**
Aladdin greps av en önskan att se hennes ansikte
**although it was very difficult to see her face**
även om det var väldigt svårt att se hennes ansikte
**because everywhere she went she wore a veil**
för överallt hon gick bar hon en slöja
**He hid himself behind the door of the bath**
Han gömde sig bakom dörren till badet
**and he peeped through a chink in the door**
och han kikade genom en spricka i dörren
**The Princess lifted her veil as she went in to the bath**
Prinsessan lyfte på slöjan när hon gick in i badet
**and she looked so beautiful that Aladdin instantly fell in love with her**
och hon såg så vacker ut att Aladdin omedelbart blev kär i henne
**He went home so changed that his mother was frightened**
Han gick hem så förändrad att hans mamma blev rädd
**He told her he loved the Princess so deeply that he could not live without her**
Han sa till henne att han älskade prinsessan så djupt att han inte kunde leva utan henne
**and he wanted to ask her in marriage of her father**
och han ville fråga henne i äktenskap med hennes far
**His mother, on hearing this, burst out laughing**
När hans mamma hörde detta brast han ut i skratt
**but Aladdin finally convinced her to go to the Sultan**

men Aladdin övertygade henne till slut att gå till sultanen
**and she was going to carry his request**
och hon skulle bära hans begäran
**She fetched a napkin and laid in it the magic fruits**
Hon hämtade en servett och lade de magiska frukterna i den
**the magic fruits from the enchanted garden**
de magiska frukterna från den förtrollade trädgården
**the fruits sparkled and shone like the most beautiful jewels**
frukterna glittrade och lyste som de vackraste juveler
**She took the magic fruits with her to please the Sultan**
Hon tog med sig de magiska frukterna för att behaga sultanen
**and she set out, trusting in the lamp**
och hon gav sig iväg och förtröstade på lampan
**The Grand Vizier and the lords of council had just gone into the palace**
Storvesiren och rådsherrarna hade just gått in i palatset
**and she placed herself in front of the Sultan**
och hon ställde sig framför sultanen
**He, however, took no notice of her**
Han tog dock ingen notis om henne
**She went every day for a week**
Hon gick varje dag i en vecka
**and she stood in the same place**
och hon stod på samma plats
**When the council broke up on the sixth day the Sultan said to his Vizier:**
När rådet bröts upp den sjätte dagen sade sultanen till sin vizier:
**"I see a certain woman in the audience-chamber every day"**
"Jag ser en viss kvinna i publikrummet varje dag"
**"she is always carrying something in a napkin"**
"hon har alltid med sig något i en servett"
**"Call her to come to us, next time"**
"Ring henne att komma till oss nästa gång"
**"so that I may find out what she wants"**
"så att jag kan få reda på vad hon vill"
**Next day the Vizier gave her a sign**

Nästa dag gav vesiren henne ett tecken
**she went up to the foot of the throne**
hon gick upp till tronens fot
**and she remained kneeling till the Sultan spoke to her**
och hon stannade på knä tills sultanen talade till henne
**"Rise, good woman, tell me what you want"**
"Res dig, goda kvinna, säg vad du vill"
**She hesitated, so the Sultan sent away all but the Vizier**
Hon tvekade, så sultanen skickade iväg alla utom vesiren
**and he bade her to speak frankly**
och han bad henne att tala ärligt
**and he promised to forgive her for anything she might say**
och han lovade att förlåta henne för allt hon kunde säga
**She then told him of her son's great love for the Princess**
Hon berättade då för honom om sin sons stora kärlek till prinsessan
**"I prayed for him to forget her," she said**
"Jag bad att han skulle glömma henne", sa hon
**"but my prayers were in vain"**
"men mina böner var förgäves"
**"he threatened to do some desperate deed if I refused to go"**
"han hotade att göra någon desperat gärning om jag vägrade gå"
**"and so I ask your Majesty for the hand of the Princess"**
"och därför ber jag Ers Majestät om prinsessans hand"
**"but now I pray you to forgive me"**
"men nu ber jag dig att förlåta mig"
**"and I pray that you forgive my son Aladdin"**
"och jag ber att du förlåter min son Aladdin"
**The Sultan asked her kindly what she had in the napkin**
Sultanen frågade henne vänligt vad hon hade i servetten
**so she unfolded the napkin**
så hon vek upp servetten
**and she presented the jewels to the Sultan**
och hon överlämnade juvelerna till sultanen
**He was thunderstruck by the beauty of the jewels**
Han blev slagen av juvelernas skönhet

and he turned to the Vizier and asked, "What sayest thou?"
och han vände sig till vesiren och frågade: "Vad säger du?"
"Ought I not to bestow the Princess on one who values her at such a price?"
"Bör jag inte skänka prinsessan till en som värderar henne till ett sådant pris?"
The Vizier wanted her for his own son
Vizieren ville ha henne för sin egen son
so he begged the Sultan to withhold her for three months
så han bad sultanen att hålla tillbaka henne i tre månader
perhaps within the time his son would contrive to make a richer present
kanske inom den tid som hans son skulle försöka göra en rikare present
The Sultan granted the wish of his Vizier
Sultanen uppfyllde sin vesirs önskan
and he told Aladdin's mother that he consented to the marriage
och han berättade för Aladdins mor att han samtyckte till äktenskapet
but she was not allowed appear before him again for three months
men hon fick inte framträda inför honom igen på tre månader
Aladdin waited patiently for nearly three months
Aladdin väntade tålmodigt i nästan tre månader
after two months had elapsed his mother went to go to the market
efter att två månader hade förflutit gick hans mamma för att gå till marknaden
she was going into the city to buy oil
hon skulle in till staden för att köpa olja
when she got to the market she found every one rejoicing
när hon kom till marknaden fann hon alla glada
so she asked what was going on
så hon frågade vad som pågick
"Do you not know?" was the answer
"Vet du inte?" var svaret

**"the son of the Grand Vizier is to marry the Sultan's daughter tonight"**
"storvesirens son ska gifta sig med sultanens dotter ikväll"
**Breathless, she ran and told Aladdin**
Andlös sprang hon och berättade för Aladdin
**at first Aladdin was overwhelmed**
till en början var Aladdin överväldigad
**but then he thought of the magic lamp and rubbed it**
men så tänkte han på den magiska lampan och gned den
**once again the genie appeared out of the lamp**
än en gång dök anden upp ur lampan
**"What is thy will?" asked the genie**
"Vad är din vilja?" frågade anden
**"The Sultan, as thou knowest, has broken his promise to me"**
"Sultanen, som du vet, har brutit sitt löfte till mig"
**"the Vizier's son is to have the Princess"**
"vesirens son ska få prinsessan"
**"My command is that tonight you bring the bride and bridegroom"**
"Mitt bud är att du ikväll tar med bruden och brudgummen"
**"Master, I obey," said the genie**
"Mästare, jag lyder", sa anden
**Aladdin then went to his chamber**
Aladdin gick sedan till sin kammare
**sure enough, at midnight the genie transported a bed**
Visst, vid midnatt transporterade anden en säng
**and the bed contained the Vizier's son and the Princess**
och sängen innehöll vesirens son och prinsessan
**"Take this new-married man, genie," he said**
"Ta den här nygifta mannen, genie," sa han
**"put him outside in the cold for the night"**
"ställ honom ute i kylan för natten"
**"then return the couple again at daybreak"**
"lämna sedan tillbaka paret igen vid gryningen"
**So the genie took the Vizier's son out of bed**
Så Anden tog vesirens son ur sängen
**and he left Aladdin with the Princess**

och han lämnade Aladdin med prinsessan
**"Fear nothing," Aladdin said to her, "you are my wife"**
"Frukta ingenting," sa Aladdin till henne, "du är min fru"
**"you were promised to me by your unjust father"**
"du blev lovad till mig av din orättfärdiga far"
**"and no harm shall come to you"**
"och ingen skada skall komma dig"
**The Princess was too frightened to speak**
Prinsessan var för rädd för att tala
**and she passed the most miserable night of her life**
och hon passerade den mest eländiga natten i sitt liv
**although Aladdin lay down beside her and slept soundly**
fastän Aladdin lade sig bredvid henne och sov gott
**At the appointed hour the genie fetched in the shivering bridegroom**
Vid den bestämda tiden hämtade anden in den huttrande brudgummen
**he laid him in his place**
han lade honom på sin plats
**and he transported the bed back to the palace**
och han transporterade sängen tillbaka till palatset
**Presently the Sultan came to wish his daughter good-morning**
Nu kom sultanen för att önska sin dotter godmorgon
**The unhappy Vizier's son jumped up and hid himself**
Den olyckliga vizierns son hoppade upp och gömde sig
**and the Princess would not say a word**
och prinsessan ville inte säga ett ord
**and she was very sorrowful**
och hon var mycket ledsen
**The Sultan sent her mother to her**
Sultanen skickade sin mor till henne
**"Why will you not speak to your father, child?"**
"Varför talar du inte med din far, barn?"
**"What has happened?" she asked**
"Vad har hänt?" frågade hon
**The Princess sighed deeply**

Prinsessan suckade djupt
**and at last she told her mother what had happened**
och till sist berättade hon för sin mor vad som hade hänt
**she told her how the bed had been carried into some strange house**
hon berättade hur sängen hade burits in i något främmande hus
**and she told of what had happened in the house**
och hon berättade om vad som hade hänt i huset
**Her mother did not believe her in the least**
Hennes mamma trodde inte det minsta på henne
**and she bade her to consider it an idle dream**
och hon bad henne att betrakta det som en tom dröm
**The following night exactly the same thing happened**
Följande natt hände exakt samma sak
**and the next morning the princess wouldn't speak either**
och nästa morgon ville prinsessan inte heller tala
**on the Princess's refusal to speak, the Sultan threatened to cut off her head**
på prinsessans vägran att tala, hotade sultanen att skära av hennes huvud
**She then confessed all that had happened**
Hon erkände sedan allt som hade hänt
**and she bid him to ask the Vizier's son**
och hon bad honom att fråga vesirens son
**The Sultan told the Vizier to ask his son**
Sultanen sa åt vesiren att fråga sin son
**and the Vizier's son told the truth**
och vesirens son berättade sanningen
**he added that he dearly loved the Princess**
han tillade att han älskade prinsessan innerligt
**"but I would rather die than go through another such fearful night"**
"men jag skulle hellre dö än att gå igenom ännu en sådan fruktansvärd natt"
**and he wished to be separated from her, which was granted**
och han ville skiljas från henne, vilket beviljades

**and then there was an end to the feasting and rejoicing**
och sedan var det slut på festen och glädjen
**then the three months were over**
då var de tre månaderna över
**Aladdin sent his mother to remind the Sultan of his promise**
Aladdin skickade sin mor för att påminna sultanen om hans löfte
**She stood in the same place as before**
Hon stod på samma plats som tidigare
**the Sultan had forgotten Aladdin**
Sultanen hade glömt Aladdin
**but at once he remembered him again**
men genast mindes han honom igen
**and he asked for her to come to him**
och han bad henne komma till honom
**On seeing her poverty the Sultan felt less inclined than ever to keep his word**
När sultanen såg hennes fattigdom kände sig mindre benägen än någonsin att hålla sitt ord
**and he asked his Vizier's advice**
och han frågade sin vesir till råds
**he counselled him to set a high value on the Princess**
han rådde honom att sätta ett högt värde på prinsessan
**a price so high that no man alive could come afford her**
ett pris så högt att ingen levande man hade råd med henne
**The Sultan then turned to Aladdin's mother, saying:**
Sultanen vände sig sedan till Aladdins mor och sa:
**"Good woman, a Sultan must remember his promises"**
"God kvinna, en sultan måste komma ihåg sina löften"
**"and I will remember my promise"**
"och jag kommer ihåg mitt löfte"
**"but your son must first send me forty basins of gold"**
"men din son måste först skicka mig fyrtio bänkar med guld"
**"and the gold basins must be full of jewels"**
"och guldskålarna måste vara fulla av juveler"
**"and they must be carried by forty black camels"**
"och de måste bäras av fyrtio svarta kameler"

"and in front of each black camel there is to be a white camel"
"och framför varje svart kamel ska det finnas en vit kamel"
"and all the camels are to be splendidly dressed"
"och alla kameler ska vara vackert klädda"
"Tell him that I await his answer"
"Säg till honom att jag väntar på hans svar"
The mother of Aladdin bowed low
Aladdins mor böjde sig lågt
and then she went home
och sen gick hon hem
although she thought all was lost
även om hon trodde att allt var förlorat
She gave Aladdin the message
Hon gav Aladdin beskedet
and she added, "He may wait long enough for your answer!"
och hon tillade, "Han får vänta tillräckligt länge på ditt svar!"
"Not so long as you think, mother," her son replied
"Inte så länge du tror, mamma", svarade hennes son
"I would do a great deal more than that for the Princess"
"Jag skulle göra mycket mer än så för prinsessan"
and he summoned the genie again
och han kallade på anden igen
and in a few moments the eighty camels arrived
och efter några ögonblick kom de åttio kamelerna
and they took up all space in the small house and garden
och de tog all plats i det lilla huset och trädgården
Aladdin made the camels set out to the palace
Aladdin fick kamelerna att bege sig ut till palatset
and the camels were followed by his mother
och kamelerna följdes av hans mor
The camels were very richly dressed
Kamelerna var mycket rikt klädda
and splendid jewels were on the girdles of the camels
och praktfulla juveler fanns på kamelernas gördlar
and everyone crowded around to see the camels
och alla trängdes runt för att se kamelerna

**and they saw the basins of gold the camels carried on their backs**
och de såg de guldfat som kamelerna bar på sina ryggar
**They entered the palace of the Sultan**
De gick in i sultanens palats
**and the camels kneeled before him in a semi circle**
och kamelerna knäböjde framför honom i en halvcirkel
**and Aladdin's mother presented the camels to the Sultan**
och Aladdins mor presenterade kamelerna för sultanen
**He hesitated no longer, but said:**
Han tvekade inte längre utan sa:
**"Good woman, return to your son"**
"God kvinna, återvänd till din son"
**"tell him that I wait for him with open arms"**
"säg till honom att jag väntar på honom med öppna armar"
**She lost no time in telling Aladdin**
Hon förlorade ingen tid på att berätta för Aladdin
**and she bid him to make haste**
och hon bad honom att skynda sig
**But Aladdin first called for the genie**
Men Aladdin kallade först efter anden
**"I want a scented bath," he said**
"Jag vill ha ett doftbad", sa han
**"and I want a horse more beautiful than the Sultan's"**
"och jag vill ha en häst vackrare än sultanens"
**"and I want twenty servants to attend to me"**
"och jag vill att tjugo tjänare ska ta hand om mig"
**"and I also want six beautifully dressed servants to wait on my mother"**
"och jag vill också att sex vackert klädda tjänare ska vänta på min mamma"
**"and lastly, I want ten thousand pieces of gold in ten purses"**
"och slutligen vill jag ha tio tusen guldbitar i tio plånböcker"
**No sooner had he said what he wanted and it was done**
Inte förr hade han sagt vad han ville och det var gjort
**Aladdin mounted his beautiful horse**
Aladdin steg på sin vackra häst

**and he passed through the streets**
och han gick genom gatorna
**the servants cast gold into the crowd as they went**
tjänarna kastade guld i folkmassan när de gick
**Those who had played with him in his childhood knew him not**
De som hade lekt med honom i hans barndom kände honom inte
**he had grown very handsome**
han hade blivit väldigt snygg
**When the Sultan saw him he came down from his throne**
När sultanen såg honom kom han ner från sin tron
**he embraced his new son-in-law with open arms**
han omfamnade sin nya svärson med öppna armar
**and he led him into a hall where a feast was spread**
och han förde honom in i en sal där en festmåltid hölls
**he intended to marry him to the Princess that very day**
han hade för avsikt att gifta sig med honom med prinsessan just den dagen
**But Aladdin refused to marry straight away**
Men Aladdin vägrade att gifta sig direkt
**"first I must build a palace fit for the princess"**
"först måste jag bygga ett palats som passar prinsessan"
**and then he took his leave**
och så tog han ledigt
**Once home, he said to the genie:**
Väl hemma sa han till anden:
**"Build me a palace of the finest marble"**
"Bygg mig ett palats av finaste marmor"
**"set the palace with jasper, agate, and other precious stones"**
"ställ palatset med jaspis, agat och andra ädelstenar"
**"In the middle of the palace you shall build me a large hall with a dome"**
"I mitten av palatset ska du bygga mig en stor sal med en kupol"
**"the four walls of the hall will be of masses of gold and silver"**

"hallens fyra väggar kommer att vara av massor av guld och silver"
**"and each wall will have six windows"**
"och varje vägg kommer att ha sex fönster"
**"and the lattices of the windows will be set with precious jewels"**
"och fönstrens galler kommer att fyllas med dyrbara juveler"
**"but there must be one window that is not decorated"**
"men det måste finnas ett fönster som inte är dekorerat"
**"go see that it gets done!"**
"gå och se att det blir gjort!"
**The palace was finished by the next day**
Palatset stod klart nästa dag
**the genie carried him to the new palace**
Anden bar honom till det nya palatset
**and he showed him how all his orders had been faithfully carried out**
och han visade honom hur alla hans order hade utförts troget
**even a velvet carpet had been laid from Aladdin's palace to the Sultan's**
till och med en sammetsmatta hade lagts från Aladdins palats till sultanens
**Aladdin's mother then dressed herself carefully**
Aladdins mamma klädde sig sedan noggrant
**and she walked to the palace with her servants**
och hon gick till palatset med sina tjänare
**and Aladdin followed her on horseback**
och Aladdin följde efter henne till häst
**The Sultan sent musicians with trumpets and cymbals to meet them**
Sultanen skickade musiker med trumpeter och cymbaler för att möta dem
**so the air resounded with music and cheers**
så luften ljöd av musik och hurrarop
**She was taken to the Princess, who saluted her**
Hon fördes till prinsessan, som hälsade henne
**and she treated her with great honour**

och hon behandlade henne med stor ära
**At night the Princess said good-bye to her father**
På natten tog prinsessan hejdå till sin far
**and she set out on the carpet for Aladdin's palace**
och hon gav sig ut på mattan till Aladdins palats
**his mother was at her side**
hans mamma var vid hennes sida
**and they were followed by their entourage of servants**
och de följdes av deras följe av tjänare
**She was charmed at the sight of Aladdin**
Hon blev charmad vid åsynen av Aladdin
**and Aladdin ran to receive her into the palace**
och Aladdin sprang för att ta emot henne in i palatset
**"Princess," he said, "blame your beauty for my boldness"**
"Prinsessan," sa han, "skyll din skönhet för min djärvhet"
**"I hope I have not displeased you"**
"Jag hoppas att jag inte har misshagat dig"
**she said she willingly obeyed her father in this matter**
hon sa att hon villigt lydde sin far i denna fråga
**because she had seen that he is handsome**
för hon hade sett att han är snygg
**After the wedding had taken place Aladdin led her into the hall**
Efter att bröllopet hade ägt rum ledde Aladdin henne in i hallen
**a great feast was spread out in the hall**
en stor fest var utbredd i salen
**and she supped with him**
och hon åt med honom
**after eating they danced till midnight**
efter att ha ätit dansade de till midnatt
**The next day Aladdin invited the Sultan to see the palace**
Nästa dag bjöd Aladdin in sultanen för att se palatset
**they entered the hall with the four-and-twenty windows**
de gick in i hallen med de fyra och tjugo fönstren
**the windows were decorated with rubies, diamonds, and emeralds**

fönstren var dekorerade med rubiner, diamanter och smaragder
**he cried, "The palace is one of the wonders of the world!"**
ropade han: "Palatset är ett av världens underverk!"
**"There is only one thing that surprises me"**
"Det finns bara en sak som förvånar mig"
**"Was it by accident that one window was left unfinished?"**
"Var det av en slump att ett fönster lämnades ofärdigt?"
**"No, sir, it was done so by design," replied Aladdin**
"Nej, sir, det gjordes så avsiktligt", svarade Aladdin
**"I wished your Majesty to have the glory of finishing this palace"**
"Jag önskade att Ers Majestät skulle få äran att färdigställa detta palats"
**The Sultan was pleased to be given this honour**
Sultanen var glad över att få denna ära
**and he sent for the best jewellers in the city**
och han skickade efter de bästa juvelerare i staden
**He showed them the unfinished window**
Han visade dem det ofärdiga fönstret
**and he bade them to decorate the window like the others**
och han bad dem att dekorera fönstret som de andra
**"Sir," replied their spokesman**
"Sir", svarade deras talesman
**"we cannot find enough jewels"**
"vi kan inte hitta tillräckligt med juveler"
**so the Sultan had his own jewels fetched**
så sultanen lät hämta sina egna juveler
**but those jewels were soon used up too**
men de juvelerna var också snart förbrukade
**even after a month's time the work was not half done**
inte ens efter en månad var arbetet halvklart
**Aladdin knew that their task was impossible**
Aladdin visste att deras uppgift var omöjlig
**he bade them to undo their work**
han bad dem att göra upp sitt arbete
**and he bade them to carry the jewels back**

och han bad dem att bära tillbaka juvelerna
**the genie finished the window at his command**
Anden avslutade fönstret på hans befallning
**The Sultan was surprised to receive his jewels again**
Sultanen blev förvånad över att få sina juveler igen
**he visited Aladdin, who showed him the finished window**
han besökte Aladdin, som visade honom det färdiga fönstret
**and the Sultan embraced his son in law**
och sultanen omfamnade sin svärson
**meanwhile, the envious Vizier suspected the work of enchantment**
under tiden misstänkte den avundsjuka vesiren arbetet för förtrollning
**Aladdin had won the hearts of the people by his gentle manner**
Aladdin hade vunnit folkets hjärtan genom sitt milda sätt
**He was made captain of the Sultan's armies**
Han blev kapten för sultanens arméer
**and he won several battles for his army**
och han vann flera slag för sin här
**but he remained as modest and courteous as before**
men han förblev lika blygsam och hövlig som förut
**in this way he lived in peace and content for several years**
på så sätt levde han i fred och tillfredsställelse i flera år
**But far away in Africa the magician remembered Aladdin**
Men långt borta i Afrika kom magikern ihåg Aladdin
**and by his magic arts he discovered Aladdin hadn't perished in the cave**
och genom sina magiska konster upptäckte han att Aladdin inte hade omkommit i grottan
**but instead of perishing, he had escaped and married the princess**
men i stället för att gå under hade han rymt och gift sig med prinsessan
**and now he was living in great honour and wealth**
och nu levde han i stor ära och rikedom
**He knew that the poor tailor's son could only have**

**accomplished this by means of the magic lamp**
Han visste att den stackars skräddarsonen bara kunde ha åstadkommit detta med hjälp av den magiska lampan
**and he travelled night and day until he reached the city**
och han reste natt och dag tills han nådde staden
**he was bent on making sure of Aladdin's ruin**
han var inställd på att försäkra sig om Aladdins ruin
**As he passed through the town he heard people talking**
När han gick genom staden hörde han folk prata
**all they could talk about was the marvellous palace**
allt de kunde prata om var det underbara palatset
**"Forgive my ignorance," he asked**
"Förlåt min okunnighet", frågade han
**"what is this palace you speak of?"**
"vad är det här för palats du talar om?"
**"Have you not heard of Prince Aladdin's palace?" was the reply**
"Har du inte hört talas om prins Aladdins palats?" var svaret
**"the palace is one of the greatest wonders of the world"**
"palatset är ett av världens största underverk"
**"I will direct you to the palace, if you would like to see it"**
"Jag kommer att hänvisa dig till palatset, om du vill se det"
**The magician thanked him for bringing him to the palace**
Magikern tackade honom för att han tog med honom till palatset
**and having seen the palace, he knew that it had been built by the Genie of the Lamp**
och efter att ha sett palatset visste han att det hade byggts av lampans ande
**this made him half mad with rage**
detta gjorde honom halvt arg av ilska
**He was determined to get hold of the magic lamp**
Han var fast besluten att få tag i den magiska lampan
**and he was going to plunge Aladdin into the deepest poverty again**
och han skulle kasta Aladdin ner i den djupaste fattigdom igen

**Unluckily, Aladdin had gone on a hunting trip for eight days**
Oturligt nog hade Aladdin åkt ut på jakt i åtta dagar
**this gave the magician plenty of time**
detta gav magikern gott om tid
**He bought a dozen copper lamps**
Han köpte ett dussin kopparlampor
**and he put the copper lamps into a basket**
och han lade kopparlamporna i en korg
**and then he went to the palace**
och sedan gick han till palatset
**"New lamps for old lamps!" he exclaimed**
"Nya lampor för gamla lampor!" utbrast han
**and he was followed by a jeering crowd**
och han följdes av en hånfull folkmassa
**The Princess was sitting in the hall of four-and-twenty windows**
Prinsessan satt i hallen med fyra och tjugo fönster
**she sent a servant to find out what the noise was about**
hon skickade en tjänare för att ta reda på vad bullret handlade om
**the servant came back laughing so much that the Princess scolded her**
tjänaren kom tillbaka och skrattade så mycket att prinsessan skällde ut henne
**"Madam," replied the servant**
"Fru," svarade tjänaren
**"who can help but laughing when you see such a thing?"**
"vem kan låta bli att skratta när man ser något sådant?"
**"an old fool is offering to exchange fine new lamps for old lamps"**
"en gammal dåre erbjuder sig att byta ut fina nya lampor mot gamla lampor"
**Another servant, hearing this, spoke up**
När en annan tjänare hörde detta, talade han upp
**"There is an old lamp on the cornice which he can have"**
"Det finns en gammal lampa på taklisten som han kan ha"

**this, of course, was the magic lamp**
detta var naturligtvis den magiska lampan
**Aladdin had left the magic lamp there, as he could not take it with him**
Aladdin hade lämnat den magiska lampan där, eftersom han inte kunde ta den med sig
**The Princess didn't know know the lamp's value**
Prinsessan visste inte om lampans värde
**laughingly, she bade the servant to exchange the magic lamp**
skrattande bad hon tjänaren att byta ut den magiska lampan
**the servant took the lamp to the magician**
tjänaren tog lampan till magikern
"Give me a new lamp for this lamp," she said
"Ge mig en ny lampa till den här lampan", sa hon
**He snatched the lamp and bade the servant to pick another lamp**
Han ryckte lampan och bad tjänaren att välja en annan lampa
**and the entire crowd jeered at the sight**
och hela folkmassan hånade vid synen
**but the magician cared little for the crowd**
men trollkarlen brydde sig lite om skaran
**he left the crowd with the magic lamp he had set out to get**
han lämnade folkmassan med den magiska lampan han hade gett sig ut för att hämta
**and he went out of the city gates to a lonely place**
och han gick ut genom stadsportarna till en enslig plats
**there he remained till nightfall**
där stannade han till kvällen
**and at nightfall he pulled out the magic lamp and rubbed it**
och på natten drog han fram den magiska lampan och gned den
**The genie appeared to the magician**
Anden visade sig för magikern
**and the magician made his command to the genie**
och magikern gav sin befallning till anden
"carry me, the princess, and the palace to a lonely place in Africa"

"bär mig, prinsessan och palatset till en ensam plats i Afrika"
**Next morning the Sultan looked out of the window toward Aladdin's palace**
Nästa morgon tittade sultanen ut genom fönstret mot Aladdins palats
**and he rubbed his eyes when he saw the palace was gone**
och han gned sig i ögonen när han såg att palatset var borta
**He sent for the Vizier and asked what had become of the palace**
Han skickade efter vesiren och frågade vad som hade hänt med palatset
**The Vizier looked out too, and was lost in astonishment**
Visiren tittade också ut och var vilsen i förvåning
**He again put the events down to enchantment**
Han lade åter händelserna ner till förtrollning
**and this time the Sultan believed him**
och den här gången trodde sultanen på honom
**he sent thirty men on horseback to fetch Aladdin in chains**
han skickade trettio män till häst för att hämta Aladdin i kedjor
**They met him riding home**
De mötte honom på väg hem
**they bound him and forced him to go with them on foot**
de band honom och tvingade honom att följa med dem till fots
**The people, however, who loved him, followed them to the palace**
Men folket som älskade honom följde dem till palatset
**they would make sure that he came to no harm**
de skulle se till att han inte kom till skada
**He was carried before the Sultan**
Han bars före sultanen
**and the Sultan ordered the executioner to cut off his head**
och sultanen beordrade bödeln att hugga av hans huvud
**The executioner made Aladdin kneel down before a block of wood**
Bödeln fick Aladdin att knäböja framför ett träblock
**he bandaged his eyes so that he could not see**

han band för ögonen så att han inte kunde se
**and he raised his scimitar to strike**
och han höjde sin scimitar för att slå
**At that instant the Vizier saw the crowd had forced their way into the courtyard**
I det ögonblicket såg vesiren att folkmassan hade trängt sig in på gården
**they were scaling the walls to rescue Aladdin**
de skalade väggarna för att rädda Aladdin
**so he called to the executioner to halt**
så han kallade till bödeln att stanna
**The people, indeed, looked so threatening that the Sultan gave way**
Folket såg verkligen så hotfullt ut att sultanen gav vika
**and he ordered Aladdin to be unbound**
och han beordrade Aladdin att bli obunden
**he pardoned him in the sight of the crowd**
han benådede honom i publikens åsyn
**Aladdin now begged to know what he had done**
Aladdin bad nu att få veta vad han hade gjort
**"False wretch!" said the Sultan, "come thither"**
"Falsk stackare!" sa sultanen, "kom dit"
**he showed him from the window the place where his palace had stood**
han visade honom från fönstret platsen där hans palats hade stått
**Aladdin was so amazed that he could not say a word**
Aladdin var så förvånad att han inte kunde säga ett ord
**"Where are my palace and my daughter?" demanded the Sultan**
"Var är mitt palats och min dotter?" krävde sultanen
**"For the palace I am not so deeply concerned"**
"För palatset är jag inte så djupt oroad"
**"but my daughter I must have"**
"men min dotter måste jag ha"
**"and you must find her, or lose your head"**
"och du måste hitta henne eller tappa huvudet"

**Aladdin begged to be granted forty days in which to find her**
Aladdin bad om att få fyrtio dagar för att hitta henne
**he promised that if he failed he would return**
han lovade att om han misslyckades skulle han återvända
**and on his return he would suffer death at the Sultan's pleasure**
och vid sin återkomst skulle han lida döden efter sultanens nöje
**His prayer was granted by the Sultan**
Hans bön beviljades av sultanen
**and he went forth sadly from the Sultan's presence**
och han gick sorgset bort från sultanens närvaro
**For three days he wandered about like a madman**
I tre dagar vandrade han omkring som en galning
**he asked everyone what had become of his palace**
han frågade alla vad som hade blivit av hans palats
**but they only laughed and pitied him**
men de bara skrattade och tyckte synd om honom
**He came to the banks of a river**
Han kom till stranden av en flod
**he knelt down to say his prayers before throwing himself in**
han knäböjde för att be sina böner innan han kastade sig in
**In so doing he rubbed the magic ring he still wore**
Därmed gnuggade han den magiska ringen han fortfarande bar
**The genie he had seen in the cave appeared**
Anden han hade sett i grottan dök upp
**and he asked him what his will was**
och han frågade honom vad hans vilja var
**"Save my life, genie," said Aladdin**
"Rädda mitt liv, genie," sa Aladdin
**"bring my palace back"**
"Ta tillbaka mitt palats"
**"That is not in my power," said the genie**
"Det står inte i min makt", sa anden
**"I am only the Slave of the Ring"**

"Jag är bara ringens slav"
**"you must ask him for the magic lamp"**
"du måste be honom om den magiska lampan"
**"that might be true," said Aladdin**
"det kan vara sant", sa Aladdin
**"but thou canst take me to the palace"**
"men du kan ta mig till palatset"
**"set me down under my dear wife's window"**
"ställ ner mig under min kära frus fönster"
**He at once found himself in Africa**
Han befann sig genast i Afrika
**he was under the window of the Princess**
han var under Prinsessans fönster
**and he fell asleep out of sheer weariness**
och han somnade av ren trötthet
**He was awakened by the singing of the birds**
Han väcktes av fåglarnas sång
**and his heart was lighter than it was before**
och hans hjärta var ljusare än det var förut
**He saw that all his misfortunes were due to the loss of the magic lamp**
Han såg att alla hans olyckor berodde på förlusten av den magiska lampan
**and he vainly wondered who had robbed him of his magic lamp**
och han undrade förgäves vem som hade berövat honom hans magiska lampa
**That morning the Princess rose earlier than she normally**
Den morgonen gick prinsessan upp tidigare än hon brukar
**once a day she was forced to endure the magicians company**
en gång om dagen tvingades hon utstå magikernas sällskap
**She, however, treated him very harshly**
Hon behandlade honom dock mycket hårt
**so he dared not live with her in the palace**
så han vågade inte bo med henne i palatset
**As she was dressing, one of her women looked out and saw Aladdin**

När hon klädde på sig tittade en av hennes kvinnor ut och såg Aladdin

**The Princess ran and opened the window**
Prinsessan sprang och öppnade fönstret
**at the noise she made Aladdin looked up**
vid ljudet hon gjorde tittade Aladdin upp
**She called to him to come to her**
Hon ropade på honom att komma till henne
**it was a great joy for the lovers to see each other again**
det var en stor glädje för de älskande att se varandra igen
**After he had kissed her Aladdin said:**
Efter att han hade kysst henne sa Aladdin:
**"I beg of you, Princess, in God's name"**
"Jag ber dig, prinsessa, i Guds namn"
**"before we speak of anything else"**
"innan vi pratar om något annat"
**"for your own sake and mine"**
"för din egen och min skull"
**"tell me what has become of the old lamp"**
"berätta vad som har blivit av den gamla lampan"
**"I left the lamp on the cornice in the hall of four-and-twenty windows"**
"Jag lämnade lampan på taklisten i hallen med fyra och tjugo fönster"
**"Alas!" she said, "I am the innocent cause of our sorrows"**
"Tyvärr!" hon sa, "Jag är den oskyldiga orsaken till våra sorger"
**and she told him of the exchange of the magic lamp**
och hon berättade för honom om utbytet av den magiska lampan
**"Now I know," cried Aladdin**
"Nu vet jag", ropade Aladdin
**"we have to thank the magician for this!"**
"vi måste tacka magikern för detta!"
**"Where is the magic lamp?"**
"Var är den magiska lampan?"
**"He carries the lamp about with him," said the Princess**

"Han bär med sig lampan", sa prinsessan
**"I know he carries the lamp with him"**
"Jag vet att han bär lampan med sig"
**"because he pulled the lamp out of his breast pocket to show me"**
"för att han drog upp lampan ur bröstfickan för att visa mig"
**"and he wishes me to break my faith with you and marry him"**
"och han vill att jag ska bryta min tro med dig och gifta mig med honom"
**"and he said you were beheaded by my father's command"**
"och han sa att du blev halshuggen på min fars befallning"
**"He is always speaking ill of you"**
"Han talar alltid illa om dig"
**"but I only reply with my tears"**
"men jag svarar bara med mina tårar"
**"If I can persist, I doubt not"**
"Om jag kan hålla ut tvivlar jag inte"
**"but he will use violence"**
"men han kommer att använda våld"
**Aladdin comforted his wife**
Aladdin tröstade sin fru
**and he left her for a while**
och han lämnade henne ett tag
**He changed clothes with the first person he met in town**
Han bytte kläder med den första personen han träffade på stan
**and having bought a certain powder, he returned to the Princess**
och efter att ha köpt ett visst pulver, återvände han till prinsessan
**the Princess let him in by a little side door**
prinsessan släppte in honom genom en liten sidodörr
**"Put on your most beautiful dress," he said to her**
"Ta på dig din vackraste klänning", sa han till henne
**"receive the magician with smiles today"**
"ta emot magikern med leenden idag"

"lead him to believe that you have forgotten me"
"förled honom att tro att du har glömt mig"
**"Invite him to sup with you"**
"Bjud in honom på middag med dig"
**"and tell him you wish to taste the wine of his country"**
"och säg till honom att du vill smaka hans lands vin"
**"He will be gone for some time"**
"Han kommer att vara borta ett tag"
**"while he is gone I will tell you what to do"**
"medan han är borta ska jag berätta vad du ska göra"
**She listened carefully to Aladdin**
Hon lyssnade noga på Aladdin
**and when he left she arrayed herself beautifully**
och när han gick ut klädde hon sig vackert
**she hadn't dressed like this since she had left her city**
hon hade inte klätt sig så här sedan hon lämnade sin stad
**She put on a girdle and head-dress of diamonds**
Hon tog på sig en gördel och en huvudbonad av diamanter
**she was more beautiful than ever**
hon var vackrare än någonsin
**and she received the magician with a smile**
och hon tog emot magikern med ett leende
**"I have made up my mind that Aladdin is dead"**
"Jag har bestämt mig för att Aladdin är död"
**"my tears will not bring him back to me"**
"mina tårar kommer inte att föra honom tillbaka till mig"
**"so I am resolved to mourn no more"**
"så jag är fast besluten att inte sörja mer"
**"therefore I invite you to sup with me"**
"Därför bjuder jag dig på middag med mig"
**"but I am tired of the wines we have"**
"men jag är trött på vinerna vi har"
**"I would like to taste the wines of Africa"**
"Jag skulle vilja smaka Afrikas viner"
**The magician ran to his cellar**
Magikern sprang till sin källare
**and the Princess put the powder Aladdin had given her in**

**her cup**
och prinsessan lade pulvret som Aladdin hade gett henne i hennes kopp
**When he returned she asked him to drink to her health**
När han kom tillbaka bad hon honom att dricka för hennes hälsa
**and she handed him her cup in exchange for his**
och hon räckte honom sin bägare i utbyte mot hans
**this was done as a sign to show she was reconciled to him**
detta gjordes som ett tecken för att visa att hon var försonad med honom
**Before drinking the magician made her a speech**
Innan han drack höll magikern ett tal för henne
**he wanted to praise her beauty**
han ville prisa hennes skönhet
**but the Princess cut him short**
men prinsessan avbröt honom
**"Let us drink first"**
"Låt oss dricka först"
**"and you shall say what you will afterwards"**
"och du ska säga vad du vill efteråt"
**She set her cup to her lips and kept it there**
Hon ställde sin kopp mot sina läppar och höll den där
**the magician drained his cup to the dregs**
trollkarlen tömde sin kopp till skräpet
**and upon finishing his drink he fell back lifeless**
och när han hade avslutat sin drink föll han livlös tillbaka
**The Princess then opened the door to Aladdin**
Prinsessan öppnade sedan dörren till Aladdin
**and she flung her arms round his neck**
och hon slog armarna runt hans hals
**but Aladdin asked her to leave him**
men Aladdin bad henne lämna honom
**there was still more to be done**
det fanns fortfarande mer att göra
**He then went to the dead magician**
Han gick sedan till den döde magikern

**and he took the lamp out of his vest**
och han tog lampan ur sin väst
**he bade the genie to carry the palace back**
han bad anden att bära tillbaka palatset
**the Princess in her chamber only felt two little shocks**
Prinsessan i hennes kammare kände bara två små stötar
**in little time she was at home again**
om en liten stund var hon hemma igen
**The Sultan was sitting on his balcony**
Sultanen satt på sin balkong
**he was mourning for his lost daughter**
han sörjde över sin förlorade dotter
**he looked up and had to rub his eyes again**
han tittade upp och fick gnugga sig i ögonen igen
**the palace stood there as it had before**
palatset stod där som förut
**He hastened over to the palace to see his daughter**
Han skyndade över till palatset för att träffa sin dotter
**Aladdin received him in the hall of the palace**
Aladdin tog emot honom i hallen i palatset
**and the princess was at his side**
och prinsessan var vid hans sida
**Aladdin told him what had happened**
Aladdin berättade för honom vad som hade hänt
**and he showed him the dead body of the magician**
och han visade honom magikerns döda kropp
**so that the Sultan would believe him**
så att sultanen skulle tro honom
**A ten days' feast was proclaimed**
En tio dagars fest utropades
**and it seemed as if Aladdin might now live the rest of his life in peace**
och det verkade som om Aladdin nu kunde leva resten av sitt liv i fred
**but his life was not to be as peaceful as he had hoped**
men hans liv skulle inte bli så fridfullt som han hade hoppats
**The African magician had a younger brother**

Den afrikanske magikern hade en yngre bror
**he was maybe even more wicked and cunning than his brother**
han var kanske ännu mer elak och listig än sin bror
**He travelled to Aladdin to avenge his brother's death**
Han reste till Aladdin för att hämnas sin brors död
**he went to visit a pious woman called Fatima**
han gick för att besöka en from kvinna som hette Fatima
**he thought she might be of use to him**
han tänkte att hon kunde vara till nytta för honom
**He entered her cell and put a dagger to her breast**
Han gick in i hennes cell och lade en dolk mot hennes bröst
**then he told her to rise and do his bidding**
sedan sa han åt henne att resa sig och göra vad han befaller
**and if she didn't he said he would kill her**
och om hon inte gjorde det sa han att han skulle döda henne
**He changed his clothes with her**
Han bytte kläder med henne
**and he coloured his face like hers**
och han färgade sitt ansikte som hennes
**he put on her veil so that he looked just like her**
han tog på sig hennes slöja så att han såg ut precis som hon
**and finally he murdered her despite her compliance**
och slutligen mördade han henne trots att hon följde henne
**so that she could tell no tales**
så att hon inte kunde berätta några berättelser
**Then he went towards the palace of Aladdin**
Sedan gick han mot Aladdins palats
**all the people thought he was the holy woman**
alla trodde att han var den heliga kvinnan
**they gathered round him to kiss his hands**
de samlades runt honom för att kyssa hans händer
**and they begged for his blessing**
och de bad om hans välsignelse
**When he got to the palace there was a great commotion around him**
När han kom till palatset var det ett stort uppståndelse

omkring honom
**the princess wanted to know what all the noise was about**
prinsessan ville veta vad allt oväsen handlade om
**so she bade her servant to look out of the window**
så hon bad sin tjänare att titta ut genom fönstret
**and her servant asked what the noise was all about**
och hennes tjänare frågade vad det var för oväsen
**she found out it was the holy woman causing the commotion**
hon fick reda på att det var den heliga kvinnan som orsakade uppståndelsen
**she was curing people of their ailments by touching them**
hon botade människor från deras sjukdomar genom att röra vid dem
**the Princess had long desired to see Fatima**
prinsessan hade länge önskat att träffa Fatima
**so she got her servant to ask her into the palace**
så hon fick sin tjänare att be henne in i palatset
**and the false Fatima accepted the offer into the palace**
och den falska Fatima accepterade erbjudandet in i palatset
**the magician offered up a prayer for her health and prosperity**
magikern bad för hennes hälsa och välstånd
**the Princess made him sit by her**
prinsessan fick honom att sitta bredvid henne
**and she begged him to stay with her**
och hon bad honom att stanna hos henne
**The false Fatima wished for nothing better**
Den falska Fatima önskade inget bättre
**and she consented to the princess' wish**
och hon samtyckte till prinsessans önskan
**but he kept his veil down**
men han höll slöjan nere
**because he knew that he would be discovered otherwise**
eftersom han visste att han annars skulle bli upptäckt
**The Princess showed him the hall**
Prinsessan visade honom hallen
**and she asked him what he thought of the hall**

och hon frågade honom vad han tyckte om salen
"It is a truly beautiful hall," said the false Fatima
"Det är en riktigt vacker sal", sa den falska Fatima
"but in my mind your palace still wants one thing"
"men i mina tankar vill ditt palats fortfarande en sak"
"And what is it that my palace is missing?" asked the Princess
"Och vad är det som saknar mitt palats?" frågade prinsessan
"If only a Roc's egg were hung up from the middle of this dome"
"Om bara ett Rocs ägg hängdes upp från mitten av den här kupolen"
"then your palace would be the wonder of the world," he said
"då skulle ditt palats vara världens under", sa han
After this the Princess could think of nothing but the Roc's egg
Efter detta kunde prinsessan bara tänka på Rocs ägg
when Aladdin returned from hunting he found her in a very ill humour
när Aladdin kom tillbaka från jakten fann han henne i en mycket dålig humor
He begged to know what was amiss
Han bad om att få veta vad som var fel
and she told him what had spoiled her pleasure
och hon berättade för honom vad som hade förstört hennes nöje
"I'm made miserable for the want of a Roc's egg"
"Jag har gjort mig olycklig av bristen på ett Rocs ägg"
"If that is all you want you shall soon be happy," replied Aladdin
"Om det är allt du vill ska du snart vara lycklig," svarade Aladdin
he left her and rubbed the lamp
han lämnade henne och gned lampan
when the genie appeared he commanded him to bring a Roc's egg

när anden dök upp befallde han honom att ta med sig ett Rocs ägg
**The genie gave such a loud and terrible shriek that the hall shook**
Anden gav ett så högt och fruktansvärt skrik att salen skakade
**"Wretch!" he cried, "is it not enough that I have done everything for you?"**
"Usling!" ropade han, "räcker det inte att jag har gjort allt för dig?"
**"but now you command me to bring my master"**
"men nu befaller du mig att ta med min herre"
**"and you want me to hang him up in the midst of this dome"**
"och du vill att jag ska hänga upp honom mitt i den här kupolen"
**"You and your wife and your palace deserve to be burnt to ashes"**
"Du och din fru och ditt palats förtjänar att brännas till aska"
**"but this request does not come from you"**
"men denna begäran kommer inte från dig"
**"the demand comes from the brother of the magician"**
"kravet kommer från trollkarlens bror"
**"the magician whom you have destroyed"**
"trollkarlen som du har förstört"
**"He is now in your palace disguised as the holy woman"**
"Han är nu i ditt palats förklädd till den heliga kvinnan"
**"the real holy woman he has already murdered"**
"den riktiga heliga kvinnan han redan har mördat"
**"it was him who put that wish into your wife's head"**
"det var han som satte den önskan i din frus huvud"
**"Take care of yourself, for he means to kill you"**
"Ta hand om dig själv, för han menar att döda dig"
**upon saying this, the genie disappeared**
när han sa detta, försvann anden
**Aladdin went back to the Princess**
Aladdin gick tillbaka till prinsessan
**he told her that his head ached**
han sa till henne att hans huvud värkte

**so she requested the holy Fatima to be fetched**
så hon bad att den heliga Fatima skulle hämtas
**she could lay her hands on his head**
hon kunde lägga händerna på hans huvud
**and his headache would be cured by her powers**
och hans huvudvärk skulle botas av hennes krafter
**when the magician came near Aladdin seized his dagger**
När magikern kom nära tog Aladdin hans dolk
**and he pierced him in the heart**
och han genomborrade honom i hjärtat
**"What have you done?" cried the Princess**
"Vad har du gjort?" ropade prinsessan
**"You have killed the holy woman!"**
"Du har dödat den heliga kvinnan!"
**"It is not so," replied Aladdin**
"Det är inte så", svarade Aladdin
**"I have killed a wicked magician"**
"Jag har dödat en elak magiker"
**and he told her of how she had been deceived**
och han berättade för henne hur hon hade blivit lurad
**After this Aladdin and his wife lived in peace**
Efter detta levde Aladdin och hans fru i fred
**He succeeded the Sultan when he died**
Han efterträdde sultanen när han dog
**he reigned over the kingdom for many years**
han regerade över riket i många år
**and he left behind him a long lineage of kings**
och han lämnade efter sig en lång släkt av kungar

**The End**
Slutet

www.tranzlaty.com